温州市百里路小学"幸福课程系列"材

U0608339

棋道·心学园

李碧 郑建伟 张捷◎主编

安徽师范大学出版社

· 芜湖 ·

图书在版编目(CIP)数据

棋道:心学园 / 李碧,郑建伟,张捷主编. — 芜湖:安徽师范大学出版社,2018.8

ISBN 978-7-5676-3758-0

Ⅰ.①棋… Ⅱ.①李…②郑…③张… Ⅲ.①棋类运动-小学-教材Ⅳ.①G624.81

中国版本图书馆CIP数据核字(2018)第200475号

棋道·心学园　　李碧　郑建伟　张捷　主编

责任编辑：舒贵波

装帧设计：大春传媒

出版发行：安徽师范大学出版社

　　　　　芜湖市九华南路189号安徽师范大学花津校区　邮政编码：241002

网　　　址：http://www.ahnupress.com/

发 行 部：0553-3883578　5910327　5910310(传真)　E-mail:asdcbsfxb@126.com

印　　刷：虎彩印艺股份有限公司

版　　次：2018年11月第1版

印　　次：2018年11月第1次印刷

规　　格：700 mm×1000 mm　1/16

印　　张：5.5

字　　数：80千字

书　　号：ISBN 978-7-5676-3758-0

定　　价：45.00元

编委会

序言

素质是一种习惯

——王彦/中国国际跳棋协会新闻宣传委员会副主任、中国报告文学学会会员、山东省作家协会会员、山东省散文学会会员

正值丁酉入夏，我收到本书主编郑建伟老师发来的电子版书稿，他告知这本教材正在编辑排版期间，请我提提意见并为之作序。

我在电脑上打开书稿，立即被它的内容所吸引。简明扼要的棋艺规则解析，具体翔实的棋道礼仪规范，新颖别致的心学园……将国际跳棋的学习寓于高雅快乐的游戏之中。更令我感慨和欣喜的是这本教材里穿插的果果和跳跳这两个可爱的人物，以配图对话的形式，将他们的所思所想所作所为串联起来，构成一个个小情节、小故事，反映孩子们在学习、练棋、生活中所遇到的一些烦恼、困惑。这是他们成长过程中不可避免的难题，自然也会得到孩子们的共鸣，拉近了与孩子们的距离。而在果果和跳跳每个故事后面，都设置了一个小栏目，叫"我有妙招"，为孩子们解惑答疑，提供几个他们力所能及的小方法。这些内容和编排，接近孩子们的世界和语境，具有举一反三、启迪思考的功效。至于"棋逢对手""助力成长""心星秀场"等几个小栏目的设置，则更进一步引导孩子们在每一次的学习、每一天的生活中，学会如何处理面临的问题、困难，与人交流沟通和自省。这些课业设置，看似与国际跳棋无关，其实正应了我国传统文化传承中的"耳濡目染"之功效，让孩子们在相互学习、自我审视过程中，获得感悟，提升观察问题和解决问题的能力。

棋道礼仪，往往是有的老师、教练易忽视的方面，注重了棋艺的传承训练，疏于礼仪道行的修为。而本书在这方面下了功夫，既传授棋艺，又教

做人做事,让孩子们从接触国际跳棋的"第一口奶"开始,就养成一些良好的习惯。教育家叶圣陶曾说:"什么是教育?简单一句话,就是要养成良好的习惯。"当下,我国的教育已转到素质教育方面,什么是素质呢?其实,素质就是一种习惯。习惯的力量是巨大的,终身受益,因此习惯往往决定着孩子们各自未来的命运。从这个角度看,本书所做的探索革新初衷是难能可贵的!

国际跳棋自2007年进入中国,至今已有十多个年头。当初全国各地开展普及推广过程中,广大教师、教练时常为教材发愁,一些地方的老师就自己动手编写,一度缓解了教材匮乏的状况,为国际跳棋在华夏生根开花结果付出许多努力。但仅就我所接触、看到的初级教材中,从科学性、趣味性、系统性和全面发展的角度而言,这一本,是较为出色的。

2017年5月于泉城

前言

　　《棋道·心学园》一书立足浙江省对课程设计的改革与创新的要求,结合温州市百里路小学"国际跳棋"和"心理健康"特色教育而设计的。本教材将国际跳棋棋艺技能培训与心理辅导训练融会贯通,从内容选材、教学方法、学习方法、实验和实训配套等方面突出本校"幸福"教育的特点,是一套既有系统的国际跳棋教学内容,又有贴近孩子心理发展规律的棋道教学,是一本不仅教会孩子下棋,还教会孩子做事、做人的好习惯的实践教材。

　　国际跳棋是一项充满智慧的运动,场面复杂、对抗激烈、充满趣味,因此国际跳棋才能亘古至今,长盛不衰,虽是仅次于国际象棋的第二大棋种,但是它却有着很独特的优势:作为一项高智商的运动,但它却有着简单的规则,入门容易。

　　本套教材每节课都设置"国跳小课堂""心灵成长园"和"跳跳训练场"三个模块,各个模块环节紧凑,塑造了一个完整的教学体系。每节课都会教孩子们一种下国际跳棋的技巧,帮助孩子们弄清国际跳棋规则,学会灵活利用规则来打败对手、学会反思(棋的术语叫复盘),从而促进学生学习能力的提高;在"成长园"中孩子们学习棋道礼仪,学会与人交流,中西结合将东方文明礼仪与西方绅士文化相融合,通过下棋,学生学做文明人,引导学生学会冷静面对挫折和逆境,学会忍耐和坚持,以"流水不争先"的境界目标引导学生学习流水的坚忍不拔,灵活应对困难。本书还在每课时之后附加一张"对弈情绪表"来记录孩子们在与同伴对弈过程中的情绪变化,让老师和家长能够及时了解孩子们的心理成长过程,也能够让孩子直观地看到自己的成长和进步。本书可以用于学校的国际跳棋教学,也可以作为亲子学习国际跳棋家庭的技能指导和促进低龄儿童心智成长的训练用书。

众所周知,爱玩是孩子们的天性,好胜心、好奇心促使他们对娱乐类的事物感兴趣,棋里有丰富的文化内涵,对孩子的数字、空间、逻辑、词汇、记忆等能力的提高效果十分显著;同时下棋、学棋又是一个挫折和成功的结合过程,一盘棋有成功和挫折,几十盘、几百盘……更是一个不断让孩子感受胜负、反思成败、应付逆境、接受挫折教育、提高抗挫能力的好平台;棋道和茶道一样历经千年的传承和完善,可以陶冶情操,帮助孩子们学会为人处事之道,正确估计自己与对方的力量和缺点,在对局时,大脑始终受冲击,快速反应,变幻无穷,形成自己的个性。胆小者需要提高自信,自信者需要了解对方的真实情况,在棋局中可以超越语言、年龄的障碍,与拥有不同个性品质的人交朋友,情商也可以得到训练。

本书将心理健康教育与国际跳棋课程相结合,在进行棋艺学习的同时,将棋道与行为训练相结合,让孩子们在浸润式的环境中学习下棋、养成好习惯,这在同类的教材中比较新颖,本书对开展棋艺运动意义进行了一次创造性的验证,引发学校多角度、多方位塑造孩子"良好行为习惯"的家庭教育新思路。

主编郑建伟:浙江省棋类协会国际跳棋专业委员会委员、温州市围棋协会副秘书长,温州市围棋、温州市第二外国语学校的国际跳棋客座教练、国际跳棋少儿普及活动的先行者,具有十分丰富的棋类教学经验。

主编张捷:温州市教坛中坚、温州市心育骨干教师,浙江省A证心理辅导师,温州市百里路小学心理健康辅导站站长。曾主持多个与心育相关的课题并获奖,多篇论文在国家省市级刊物发表,荣获省、市级奖项,曾荣获温州市心理健康优质课评比一等奖,浙江省心理健康辅导课评比一等奖,多次在市级心育活动中开示范课、做经验介绍。

编委:温州市百里路小学各教研组持有心理健康A、B、C证的专、兼职心理老师、班主任。

插画设计者陈亦琰:温州市百里路小学2011届2班的学生,从小热爱绘画,是个喜欢奇思妙想的女生。她有一双慧眼,喜欢安静地看世界。她的绘画作品朴素、灵动。本书中的十六幅棋道讲坛的漫画作品均由她独立完成,她以自己少年儿童的视角理解棋道,感悟棋道,并通过自己的画笔表达出对于棋道精髓的运用和体会。

本书人物介绍

郑老师:一个温和、睿智的老师。戴着一副黑边眼镜,将棋道融入小故事里给孩子们娓娓道来。偶尔有些迷糊,那时候是孩子们战胜他的好时机,但是这样的时候可不多哦!

果果:一个活泼可爱的小女孩,学习勤奋、认真,心地善良。有点小洁癖,爱下棋、爱画画。

跳跳:一个个憨憨、胖胖的小男孩。有些拖拉,但是心地善良,脾气很好,很照顾果果,是果果的好朋友。

下面介绍《棋道·心学园》的课程内容及目标,如表1所示。

表1　课程内容及目标

课程内容		认识国跳	简单战术	复杂战术	综合战术	百小印记
		生活习惯	学习习惯	性格养成	自我提升	
1上	国跳技能	国际跳棋,你好!	进攻防守	勇者为王	王者之道	良善
	棋道讲坛	入座之道	静坐之道	对局礼仪	落子之道	
	心灵成长	用具整理	专注听讲	与人为善	待人接物	
1下	国跳技能	进攻有道	兑换施压	出奇制胜	锁住空间	
	棋道讲坛	吃子规范	交流礼仪	专注之道	局前礼仪	
	心灵成长	生活能手	关爱家人	专注作业	诚实守信	
2上	国跳技能	突破防守	利用先手	抢先制胜	战略空间	阳光
	棋道讲坛	违规处理之道	绅士风度	安坐之道	赏棋之道	
	心灵成长	遵守秩序	关爱弱小	作业紧凑	学会欣赏	
2下	国跳技能	审时度势	运筹帷幄	开路先锋	完美收官	
	棋道讲坛	赛场礼仪	复盘之道	颁奖礼仪	自控之道	
	心灵成长	分享互助	时间安排	我来当家	情绪管理	

续表

课程内容	认识国跳	简单战术	复杂战术	综合战术	百小印记
	生活习惯	学习习惯	性格养成	自我提升	
分目标	掌握整理、遵守秩序、简单家务等基本生活技能；养成及时整理、勤劳的良好生活习惯；体验自己的事情自己做的成就感	掌握专注、不分心、主次分明的学习方法和技能；养成静心守时地完成任务的好习惯；体验顺利完成学习任务的快乐	掌握倾听礼貌的良好沟通方法；养成诚信、良善的品性；感受与人快乐沟通、交流的良好的人际交流氛围	学会礼让和赞美他人的方法；养成分享、互帮互助的良好生活习惯；感受自我成长和与人为善的美好与幸福	做一名良善、阳光的百小人，发现生活中的美，酝酿心中的善，让阳光照进胸怀，让礼仪融进生活，以棋道促进成长
总目标	结合中国传统棋道文化与欧洲绅士文化，形成百小独特的棋文化，即：有礼、善思、乐学；通过棋道促进学生专注力、观察力、记忆力、空间想象、计算能力、承挫力；通过"舍得"的棋道核心素养，培养出新的思维方式，帮助少儿开发智力、训练思维、培养好习惯、好心态				

国际跳棋，你好！

国跳竞技场

🍪 认识棋盘

国际跳棋是两个人的游戏，用一张国际跳棋棋盘，黑白各20枚棋子，就可以玩了。

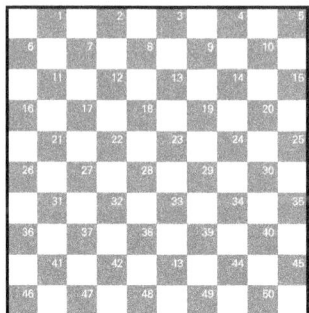

(1) 棋盘是由深浅两色间隔排列的100个小方格组成的正方形(见左图)。

(2) 棋子摆放在标有数字1—50的深色格子里。

(3) 深色方格里标注的数字，可以说明棋子所在的位置，也可以作为行棋记录使用。

🍪 国跳棋子的摆放

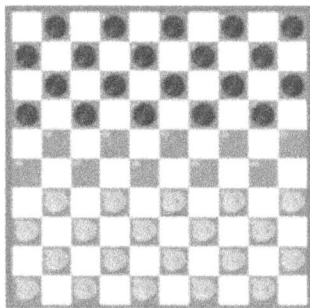

☆执黑棋的小棋手，在棋盘1—20位摆好黑棋。

☆执白棋的小棋手，在棋盘31—50摆好白棋。

☆棋子摆放要领是：白大黑小，对局双方小棋手左下方都是深色格子(黑5，白46)。

☆白棋先走。

你会了吗?快来和小伙伴们一起试试看吧！

观察与思考

在正式的国际跳棋比赛中，棋盘上是不标数字的。因此我们有必要记住每个棋位的数字，这样才可以正确地做出行棋记录。

仔细观察图1-1的棋盘，找出棋位的排列规律，回答下面的问题：

（1）横向方面，数字从左到右是怎么变化的？

（2）纵向方面，个位数和十位数分别有什么规律？

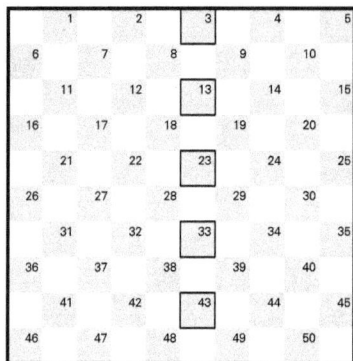

图1-1

郑老师的棋道讲坛

学习国跳要守纪律，讲礼仪。棋虽小道，品德最尊，果果跳跳要牢记。

棋道礼仪一：入座之道

口诀：面对棋盘，心怀敬意，轻移桌椅，稳稳入座。

棋道：入座礼仪可以让小朋友养成对万物都心怀敬意和稳重轻缓的行为习惯。

果果跳跳的心学园

❀ 果果跳跳的烦恼

跳跳！你的桌子这么乱，还怎么下棋啊！

果果，你真啰唆啊！该怎么整理啊？

不会整理东西，常常会找不到东西！

谁能教教我们怎么整理好自己的课桌啊？

❀ 我有妙招

果果跳跳别着急，我们先去找个整理高手。

寻找班级里的整理高手！来听听他们是怎么做的吧！

❀ 棋逢对手

帮下列物品找找"家"吧！

铅笔　红领巾　数学书　小玩具　小面包　球鞋　废纸

铅笔盒　　　　书包大夹层　　　　书包小袋子　　　　垃圾箱

你也来试一试,在圈圈里画出一个你想收起来的东西,让同桌来说说看,该放在哪里呢?

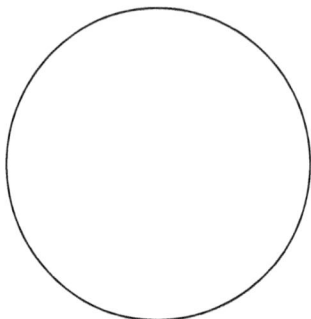

整理小技巧:

1. 分类整理

2. 及时整理

3. 哪里拿来就放回哪里

4. 你的补充:＿＿＿＿＿＿＿＿＿＿＿＿＿＿＿＿＿＿＿

💐 助力成长

业精于勤,荒于嬉;行成于思,毁于随。

——韩愈

💐 心星秀场

第一周	爸爸妈妈的评价(满分10分,加油哦!)				
	1	2	3	4	5
整理棋盘					
整理铅笔盒					
整理小书包					
整理我的床					
整理小房间					

第二周	爸爸妈妈的评价(满分10分,加油哦!)				
	1	2	3	4	5
整理棋盘					
整理铅笔盒					
整理小书包					
整理我的床					
整理小房间					

第三周	爸爸妈妈的评价(满分10分,加油哦!)				
	1	2	3	4	5
整理棋盘					
整理铅笔盒					
整理小书包					
整理我的床					
整理小房间					

进攻防守

国跳竞技场

🔴 兵的走法和吃法

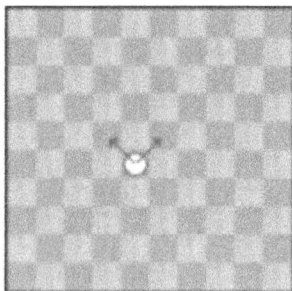

1. 兵的走法

兵的走法是：只能向前斜走一格，不能后退。

2. 兵的跳吃

兵的跳吃是：黑白两枚棋子紧连在一条斜线上，如轮到某一方行棋时，对方棋子的前后正好有一空棋位能跳过对方的棋子，那么就可以跳过对方的棋子把被跳过的棋子吃掉，并从棋盘上取下。

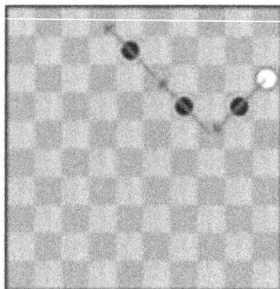

3. 兵的连跳

兵的连跳是跳过对方的棋子以后,又遇上可以跳过的棋子,那么就可以连续跳过去,把被跳过的棋子吃掉,并且从棋盘上一次取下。兵的走法是不能后退,但是遇到跳吃或连续跳时,可以退跳吃。

🌑 国跳三规则

有吃必吃。

有多吃多。

一次跳完,一次依次取下,不能重复跳吃。

国际跳棋规则简单而独特。

任何一个棋种都有吃子的选择性,国际跳棋吃子规则很独特,只要形成了吃子的局面,就必须吃,没有方向限制,而且有多吃就不能少吃,并且要一口气吃到底,不能停留。这就是国际跳棋最大的特点,也是其魅力所在。有时会逼着你去做不情愿的事,没有办法,规则对大家都是一样的,谁让你事先不想好了呢?吃亏上当也得上,斗智斗勇看看谁更聪明!

棋盘是我们的战场,棋子是我们的士兵,我们是将军,快快学会和运用国际跳棋规则吧。

🌑 观察与思考

仔细观察图2-1,然后回答以下几个问题:

(1)白棋有几种吃子方法,分别是吃几个?

(2)白棋必须选择怎样吃子?

(3)白棋提吃完以后,黑棋如何行棋?

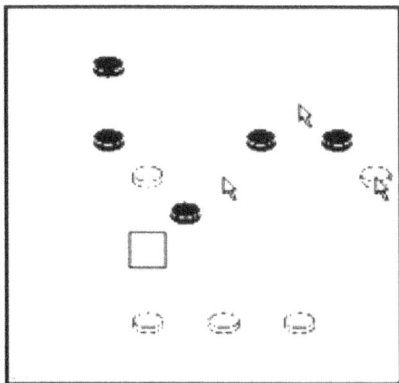

图2-1

郑老师的棋道讲坛

学习国跳要守纪律,讲礼仪。棋虽小道,品德最尊,果果跳跳要牢记。

♟ 棋道礼仪二:静坐之道

口诀:手放膝盖,身要坐正,眼看棋盘,不出声响。

棋道:一个人的坐姿能反映一个人的内在修养。良好的入座姿势和习惯是良好修养的表现,这是作为一名好棋手必修的基本素质。

果果跳跳的心学园

专注学习真重要

🌱 果果跳跳的烦恼

果果和跳跳在一起做作业

果果,我们一起来做数学作业吧!

好啊!我们就做口算吧!开始!

果果,我们边画边算吧!我想画只小老鼠!哈哈,真好玩!

我还是先把口算写好,再画画吧!

果果,我们去跳一会绳子吧!

果果,还是先抄抄生字吧!

同学们,你们说,果果和跳跳谁会先完成所有作业呢?

智慧泡泡的话:
专注做好一件事,才能把事情做好哦!

❧ 我有妙招

同学们,你们平日里是怎么完成老师布置的多项任务呢?来和小伙伴们分享一下吧!

❧ 棋逢对手

我们一起来闯关!

第一关:听数拍手。

老师报数字,当你听到"2"的时候拍一下手,当你听到"7"的时候拍一下桌子。

第二关:看图寻宝。

请在下列图中,找到5只蝴蝶,4个苹果,3顶草帽,2只手套,1个茶杯。看看谁能在规定时间里完成任务。

当老师出示一个图形卡片时，请同学们用棋子表示出这个图片的位置。看看谁找得又快又准。

集中注意力的小技巧：

1. 专心听

2. 仔细看

3. 你的补充：_____

🌱 助力成长

播下一个行动,你将收获一种习惯;播下一种习惯,你将收获一种性格,播下一种性格,你将收获一种命运。

——世界著名心理学家　威廉·詹姆士

🌱 心星秀场

和爸爸妈妈一起玩。

爸爸妈妈报出棋盘上的一个位置,我们就在棋盘上找到这个位置并摆下一颗棋子。然后交换,看看你和爸爸妈妈谁的专注力更好!

勇者为王

国跳竞技场

1. 勇敢的士兵当将军

不想当将军的士兵不是好士兵。国际跳棋的规则规定：对于勇于冲锋陷阵的小兵，只要打到对方的"老巢"，即到达对方的底线，就可以升变为大王。加冕王棋的方法是：拿己方被吃掉的一枚小兵，叠加到这个勇敢的小兵上面。

2. 王棋的走法

图3－1中的白棋大王，可以一步走到所在两条道中的任何一个棋位，没有方向限制，他有17种落子的选择。而在图3－2中，白棋大王如果不离开1—45这条道，小黑就可以7—12形成一个吃子结构，他不能在12—45位的任意棋位停留，因此白王棋只剩下5种落子的选择。

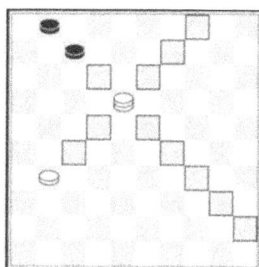

图3－1   图3－2

3. 大王杀单兵

大王杀单兵两部曲：

（1）先控制小兵的行棋方向，即截断小兵下方的一条道（如图3－3），小黑只能走32—37。

（2）形成对峙（如图3－4）。

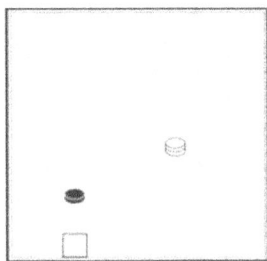

　　　　图3－3　　　　　　　　　　　　图3－4

郑老师的棋道讲坛

学习国跳要守纪律，讲礼仪。棋虽小道，品德最尊，果果跳跳要牢记。

🎎 棋道礼仪三：对局礼仪

口诀：轮我下，先想好，再落子；非我下，勤思考，静等待。

棋道：对局礼仪往往可以影响一局棋的胜负，对局中尊重对手以平常心认真对局的一定可以成为高手！

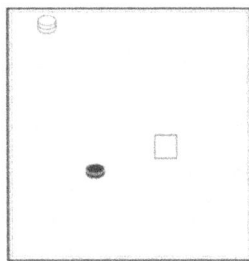

果果跳跳的心学园

🌱 果果跳跳的烦恼

> 跳跳,我们班要进行"善行快乐小天使"评比,我该怎么做呢?

> 果果,老师说要做与人为善的小天使,帮助别人,快乐自己!

> 可是,怎么做才是与人为善呢?

🌱 我有妙招

> 果果跳跳请听好,乐于助人,快乐你我他!

班级里你觉得最爱帮助他人的小伙伴是谁?请你赞一赞他(她)!

🌱 星罗棋布

你是与人为善的"善行快乐小天使"吗?当你做到时,给♡涂上红色吧!

当拿着大件物品的人出电梯时,我为他按开门键。(♡)

当同学忘带学习用品时,我借给他。(♡)

当朋友伤心难过时,我真心安慰他。(♡)

当同学进步时,我为他鼓掌喝彩!(♡)

当别人误会我时,不发脾气,耐心解释。(♡)

善行小技巧：

1. 乐于帮助别人

2. 善于鼓励别人

3. 用心理解别人

4. 你的补充：_____

🌱 助力成长（名人名言）

见人善，即思齐。纵去远，以渐跻。

——《弟子规》

君子莫大乎与人为善。

——《孟子》

🌱 心星秀场——我是家中的善行快乐小天使

第一周	爸爸妈妈的评价（满分10分，加油哦！）				
	1	2	3	4	5
给爸妈一个拥抱					
夸夸爸爸妈妈					
帮助爸妈做家务					
和爸妈分享美食					
和爸爸妈妈聊天					

第二周	爸爸妈妈的评价（满分10分，加油哦！）				
	1	2	3	4	5
给爸妈一个拥抱					
夸夸爸爸妈妈					
帮助爸妈做家务					
和爸妈分享美食					
和爸爸妈妈聊天					

第三周	爸爸妈妈的评价(满分10分,加油哦!)				
	1	2	3	4	5
给爸妈一个拥抱					
夸夸爸爸妈妈					
帮助爸妈做家务					
和爸妈分享美食					
和爸爸妈妈聊天					

王者之道

国跳竞技场

1. 大王控制两兵的方法和策略

如图 4 - 1 所示,白棋大王想同时控制两个小黑,他必须要将王棋走到 7 位:45—7!

接下来的对局可能如下继续:6—11　7×16　35—40　16—11　40—45　11—50W＋。

要点:找到控制两小兵的交汇点。

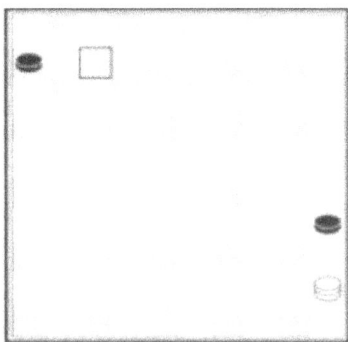

图 4 - 1

2. 大王吃子的方法

如图 4 - 2 所示,大王不仅可以连续跳吃,而且可以任意选择跳吃后停留的位置,我们在图中标出了吃子路线,以及可以停留的三个棋位。

图 4 - 3 中的大王有好几种可以提吃 3 个小兵的方法,然而大王却必须要提吃 4 个小兵。图 4 - 3 因为必须要一次跳完一次取下,不能重复跳吃,所以这个王棋最终不得不停留在〈29〉位。这是对国际跳棋第三个规则

的最好诠释!白棋50×29后,黑棋连同王棋一起吃掉:23×45。这个漂亮的打击被称做"土耳其打击"。

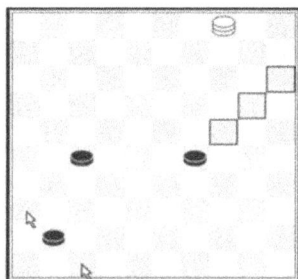

图4-2　　　　　　　　图4-3

郑老师的棋道讲坛

学习国跳要守纪律,讲礼仪。棋虽小道,品德最尊,果果跳跳要牢记。

🏃 棋道礼仪四:落子之道

口诀:手碰为动,手离为落,动子走子,落子无悔。

棋道:"动子走子,落子无悔"是一个人守规矩、讲诚信的最佳体现。良好的落子规范还可促进孩子养成先思而后动的良好习惯。

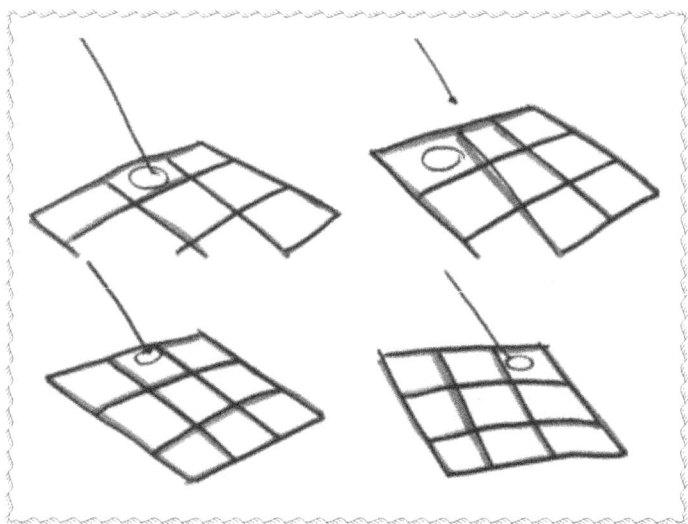

果果跳跳的心学园

果果跳跳的烦恼

跳跳,周末我们一起去参加社区"国跳礼仪星"活动吧!

果果,我正发愁呢,怎样做才是待人接物的小绅士呢?

老师说想要成为国跳能手,礼仪当先!

小朋友,你知道哪些待人接物的礼仪,快来教教我们吧。

我有妙招

果果跳跳别着急,我们班有不少文明礼仪小明星!

请班级的文明礼仪小明星说说自己是如何待人接物的吧!

智慧泡泡的话:
良好的礼节是你与别人交流时递出的一张亮闪闪的名片!

🌱 星罗棋布

做成棋子的布局,如图4－4。

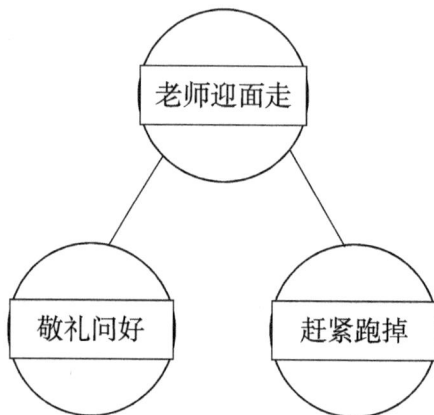

```
        ┌─────────┐
        │老师迎面走│
        └────┬────┘
      ┌──────┴──────┐
 ┌────┴────┐   ┌────┴────┐
 │敬礼问好 │   │赶紧跑掉 │
 └─────────┘   └─────────┘
```

图4－4

大人在聊天(安静聆听　随意打断)

家人齐用餐(长辈先坐　自己先吃)

客人来拜访(热情迎接　不理不睬)

客人提问题(礼貌回答　摇头不答)

倒茶递水果(双手慢递　一只手递)

接收礼物时(微笑道谢　单手抢夺)

小朋友,你是待人接物的礼仪小明星吗?在做法正确的选项旁边标上★,再和同桌演一演吧。

礼仪小技巧:

1. 热情大方,主动问好

2. 双手接物,微笑道谢

3. 认真聆听,礼貌回答

4. 你的补充:＿＿＿＿＿＿＿＿＿＿＿＿＿＿

🌱 助力成长(名人名言)

或饮食,或坐走。长者先,幼者后。长呼人,即代叫。人不在,己即到。

——《弟子规》

🌱 心星秀场——"小鬼当家"之待人接物我最棒

第一周	爸爸妈妈的评价(满分10分,加油哦!)				
	1	2	3	4	5
进门亲切问好					
递物双手奉上					
吃饭长辈先坐					
礼貌聆听谈心					
出门招手再见					

第二周	爸爸妈妈的评价(满分10分,加油哦!)				
	1	2	3	4	5
进门亲切问好					
递物双手奉上					
吃饭长辈先坐					
礼貌聆听谈心					
出门招手再见					

第三周	爸爸妈妈的评价(满分10分,加油哦!)				
	1	2	3	4	5
进门亲切问好					
递物双手奉上					
吃饭长辈先坐					
礼貌聆听谈心					
出门招手再见					

进攻有道

国跳竞技场

1. 叫吃的作用

国际跳棋最简单的赢棋方法之一,就是在不断地进攻当中,逐渐消灭对方的兵力,直至杀光对手。进攻的主要方法就是叫吃。如图5-1所示。

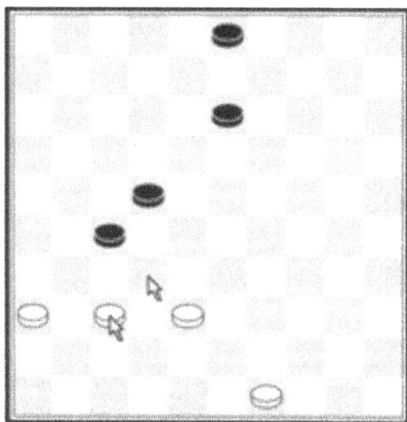

图5-1

可以通过37—32叫吃27位黑兵,这个无法防守的黑兵就叫孤兵(孤立无援坐以待毙)。如果他走27—31,损失会更大,小白可以36×9提吃三兵!

2. 各种叫吃方法

想要成功叫吃,需要各种有利条件的配合。有时需要三兵配合,如图5-2所示。有边线帮助时,只需两兵就可以成功叫吃,如图5-3所示,但是要注意叫吃的方向,如图5-4和图5-5。

图5-2 三兵配合(28—23)

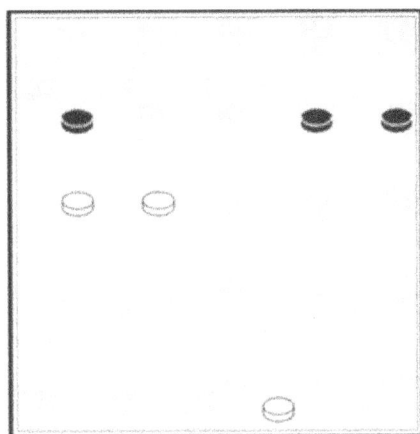

图5-3 利用边线两兵配合(21—16)

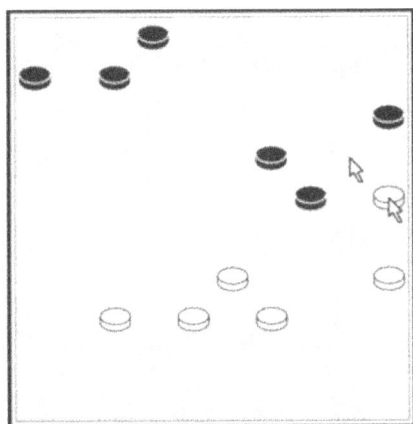

图5-4 向后叫吃

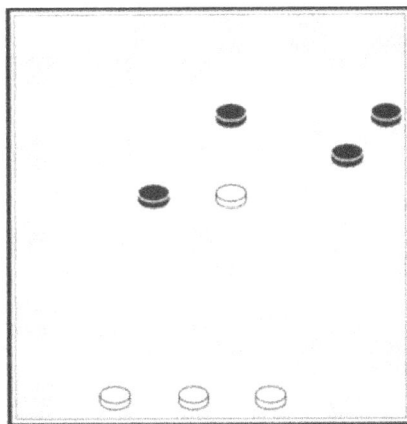

图5-5 双叫吃(双挑)(23—18)

郑老师的棋道讲坛

学习国跳要守纪律,讲礼仪。棋虽小道,品德最尊,果果跳跳要牢记。

🔏 棋道礼仪五:吃子规范

口诀:凡遇跳吃,看清线路,先落棋子,按序取子。

棋道:国际跳棋可称为跳跃的智慧,吃子线路有时很复杂,容易看花眼,养成良好吃子规范的同时能促进孩子有序清晰的思维品质的养成。

果果跳跳的心学园

果果跳跳的烦恼

哎呀！我忘记带跳棋啦，今天的国跳课不能下棋了，怎么办啊？

跳跳，你昨天晚上应该把跳棋理好放在书包里啊？

昨天晚上肯定是妈妈忘记把我的跳棋放进去啦！

这些事情应该你自己去做啊！

我们虽小，但是可以学习做一些力所能及的事情了！

🌱 我有妙招

> 果果跳跳别着急,我们先去找个生活小能手来!

寻找班级里的生活小能手!说说你们在家里会做哪些力所能及的事情啊?

> 智慧泡泡的话:
> 自己的事情自己做,事情越做越出色!

🌱 棋逢对手

选一选你的小手能干什么?

①削铅笔　　　②系红领巾　　　③整理铅笔盒　　　④系鞋带
⑤整理美术袋　⑥整理小书包　　⑦穿鞋子　　　　⑧叠被子

上面的这些事中,哪些事你会做呢?来选一选吧!(只用填上序号)

你会做哪些事:＿＿＿＿＿＿＿＿＿＿＿＿＿＿＿＿＿＿＿＿＿

＿＿＿＿＿＿＿＿＿＿＿＿＿＿＿＿＿＿＿＿＿

你正在学习做哪些事:＿＿＿＿＿＿＿＿＿＿＿＿＿＿＿＿＿＿

＿＿＿＿＿＿＿＿＿＿＿＿＿＿＿＿＿＿＿＿＿

🌱 助力成长(名人名言)

滴自己的汗,吃自己的饭。自己的事情,自己干。

——陶行知

🌱 **心星秀场（训练计划书或者亲子训练表、作业表）**

第一周	爸爸妈妈的评价（满分10分，加油哦！）				
	1	2	3	4	5
会摆碗筷					
会整理衣服					
会洗袜子					
会扫地					
会买学习用品					

第二周	爸爸妈妈的评价（满分10分，加油哦！）				
	1	2	3	4	5
会摆碗筷					
会整理衣服					
会洗袜子					
会扫地					
会买学习用品					

第三周	爸爸妈妈的评价（满分10分，加油哦！）				
	1	2	3	4	5
会摆碗筷					
会整理衣服					
会洗袜子					
会扫地					
会买学习用品					

兑换施压

国跳竞技场

人是有生命的,棋子同样有生命。

棋子如果被对手跳过就不能活,因此棋子需要保护,不能有漏洞。

1. 什么是防守

将要被叫吃或者被叫吃后,我们为了避免损失兵力的应法叫防守。

2. 防守的方法

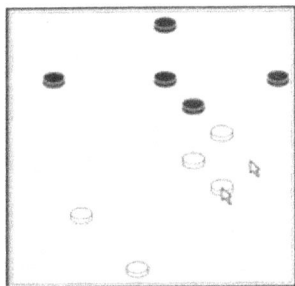

图6-1　直接补漏洞

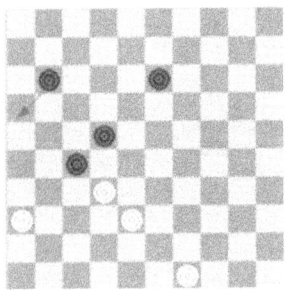

图6-2　垫子防守

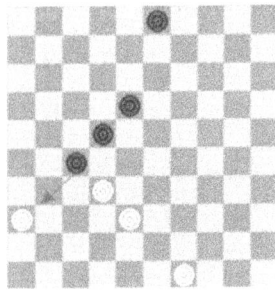

图6-3　兑换防守

这种防守比较复杂,白棋首先要形成29/33/38阵型,然后就可以转换成一个2×2的兑换:

39—33　19×30

29—23　18×29

33×35

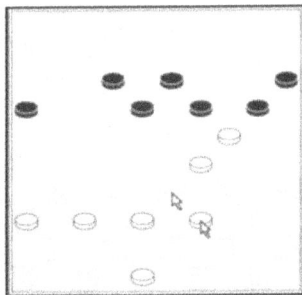

图6-4　2×2防守

郑老师的棋道讲坛

学习国跳要守纪律,讲礼仪。棋虽小道,品德最尊,果果跳跳要牢记。

♟ 棋道礼仪六:交流礼仪

口诀:朋友交流,注意场合,不扰他人,友谊至上。

棋道:下棋有五得,最大一得就是得好友,棋又称手谈,学会交流礼仪,通过国际跳棋可以跨越语言和时空障碍,结交五湖四海的朋友!

果果跳跳的心学园

🌱 果果跳跳的烦恼

果果,明天晚上来参加我的生日派对吧!

跳跳!谢谢你的邀请,可是我妈妈生病了,我要在家里陪妈妈,不能去参加你的生日派对了!

果果,你妈妈生病了你爸爸会照顾她的,你一个小孩子又不会做什么!

是啊!我也很烦恼,一直在想我可以做些什么呢?

我们能为生病中的妈妈做些什么呢?

❤ 我有妙招

我是孝心小天使:

（1）帮妈妈揉揉肩、捶捶背。

（2）帮妈妈倒水、哄妈妈吃药,就像妈妈哄我一样。

（3）给妈妈讲故事,就像妈妈给我讲故事一样。

（4）和妈妈一起回忆小时候的事情。

（5）做一张心愿卡:希望妈妈早日康复。

❤ 助力成长

亲有疾,药先尝。昼夜侍,不离床。

——《弟子规》

世界上有一种最美丽的声音,那便是母亲的呼唤。

——但丁

小知识

母亲节　5月第二个星期天

父亲节　6月第三个星期天

重阳节　每年农历九月初九

🌱 心星秀场

第一周	爸爸妈妈的评价(满分10分,加油哦!)				
	1	2	3	4	5
倒垃圾					
洗一次碗					
给家人讲故事					

第二周	爸爸妈妈的评价(满分10分,加油哦!)				
	1	2	3	4	5
倒垃圾					
洗一次碗					
给家人讲故事					

第三周	爸爸妈妈的评价(满分10分,加油哦!)				
	1	2	3	4	5
倒垃圾					
洗一次碗					
给家人讲故事					

出奇制胜

国跳竞技场

纵队和栅栏

棋盘即是战场,整齐划一的队形(如纵队)可以充分发挥集体的力量,1+1的效果必大于2,而松散的队形没有凝聚力1+1反而小于2,很容易被人一举击溃(如栅栏)。

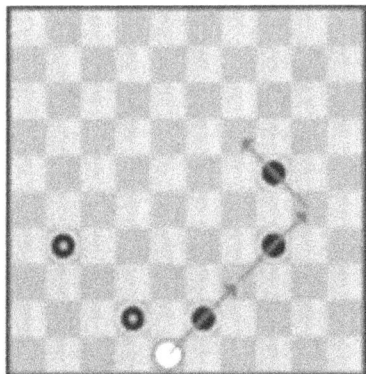

图7-1 栅栏

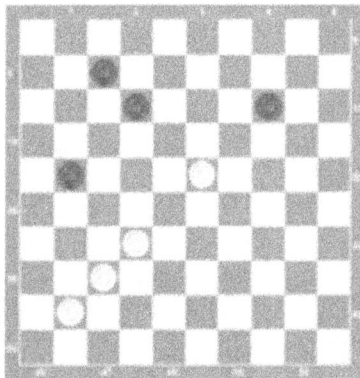

图7-2 纵队

🍪 引入和引离

随着学习的深入,我们已经不满足于一步步地行棋或简单的叫吃。当前方出现连续性打击目标时,往往需要应用国跳三规则引入和引离对方的棋子来牵线搭桥形成栅栏,牵着对手的鼻子给对手以致命打击。

如图7-3所示,我们所需要的黑兵近在咫尺,只要简单地走41—37,把它引入〈31〉位,就可以大获全胜。这是单兵引入。

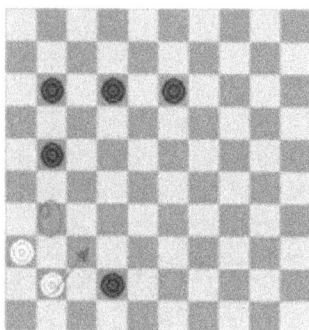

图7-3

多数情况下,引入一个子不会像图7-3中那样简单!图7-4中,把〈15〉位小黑引入〈31〉位,需要四个小白一起配合,分四步才能完成:

$$25—20 \quad 15×24$$
$$33—29 \quad 24×33$$
$$42—38 \quad 33×42$$
$$41—37 \quad 42×31$$
$$36×9$$

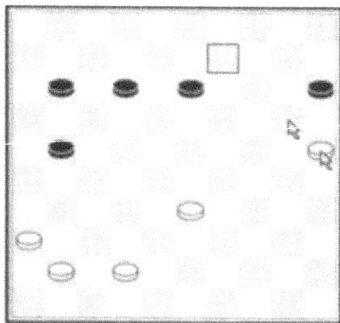

图7-4

观察与思考

图7-5中,小白怎样把〈15〉位小黑引入〈31〉位?分几步可以完成引入?

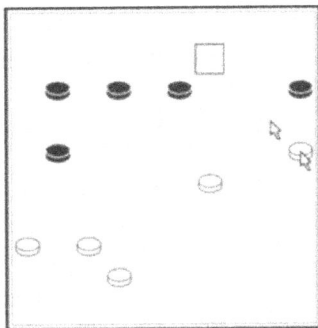

图7-5

郑老师的棋道讲坛

学习国跳要守纪律,讲礼仪。棋虽小道,品德最尊,果果跳跳要牢记。

棋道礼仪七:专注之道

口诀:眼盯方寸,心注棋局,他人他事,与我无扰。

棋道:小朋友的心容易分散,对局时周围及对局双方都会有些干扰的事发生,学会专注棋盘之上便可排除干扰,专注之道是提高学习、工作效率的前提之道!

果果跳跳的心学园

🌱 果果跳跳的烦恼

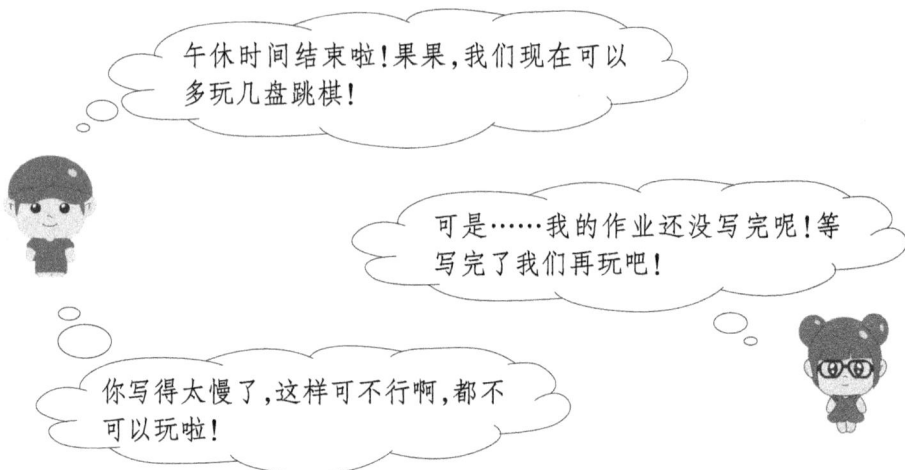

> 午休时间结束啦!果果,我们现在可以多玩几盘跳棋!

> 可是……我的作业还没写完呢!等写完了我们再玩吧!

> 你写得太慢了,这样可不行啊,都不可以玩啦!

> 谁能教教我们既快又好地完成作业?

🌱 我有妙招——方法指导、方法讨论

> 果果跳跳别着急,我们去找个作业小达人。

寻找班级里的作业小达人!来听听他们是怎么做的吧!

🌱 棋逢对手

在一分钟里,你能做些什么?

(1) 在1分钟里,你可以跳绳多少下?

(2) 在1分钟里,你可以写多少个字?

(3) 在1分钟里,你可以算几道口算?

(4) 在1分钟里,你可以拍几下皮球?

(5) 在1分钟里,你可以画几个笑脸?

智慧泡泡的话：

用好每一分钟,你将收获每一分钟的成功。

🌱 助力成长

一寸光阴一寸金,寸金难买寸光阴。

🌱 心星秀场

能在5—30分钟内完成作业得5☆。反之,时间越长得星星数越少。

第一周	爸爸妈妈的评价(满分5☆,加油哦!)				
	1	2	3	4	5
5分钟完成口算					
30分钟完成作业					
40分钟完成作业					
50分钟完成作业					
60分钟完成作业					

第二周	爸爸妈妈的评价(满分5☆,加油哦!)				
	1	2	3	4	5
5分钟完成口算					
30分钟完成作业					
40分钟完成作业					
50分钟完成作业					
60分钟完成作业					

第三周	爸爸妈妈的评价(满分5☆,加油哦!)				
	1	2	3	4	5
5分钟完成口算					
30分钟完成作业					
40分钟完成作业					
50分钟完成作业					
60分钟完成作业					

锁住空间

国跳竞技场

什么是牵制

除了把对方的子力杀光外,牵制也是重要的赢棋方法之一!让对方无棋可走,或者走就会遭受损失,这就是牵制。

牵制是双向的,要用较少的子力牵制对方,所以必须知己知彼,方能百战百胜(通过认真思考和计算让对手的每一步棋都在你的预料之中)!

最简单的牵制——对峙(拦住对手:不许动,动我就吃掉你)。

几种简单的牵制类型:一对一,二对三,三对四,四对五。

观察与思考

如果你被牵制,就意味着你无棋可走了!在高水平的对局中,牵制是一种非常重要的策略!如图8-1所示。

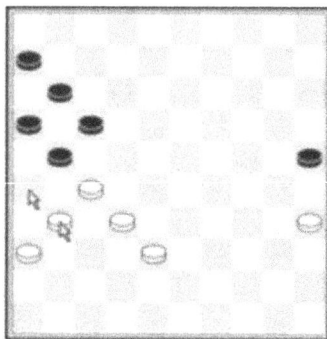

图8-1

白棋可以通过走31—26牵制对手,这样黑棋只能被动地送子给白棋吃,如图8-2所示。

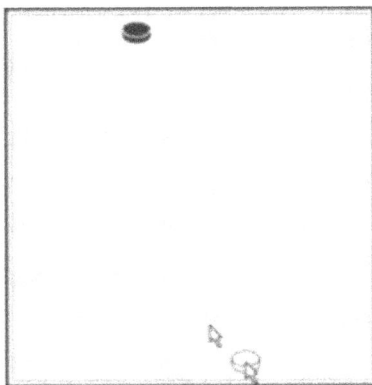

图8-2

白棋可以和对手形成对峙:

49—43如果双方的兵处在同一竖栏内,先走的一方会由于对峙而输棋,如图8-3所示,经过49—43,2—8,43—38后轮黑棋走。

这种情况下,如果黑先,白棋将通过对峙赢棋。如果白先,黑棋会赢棋。

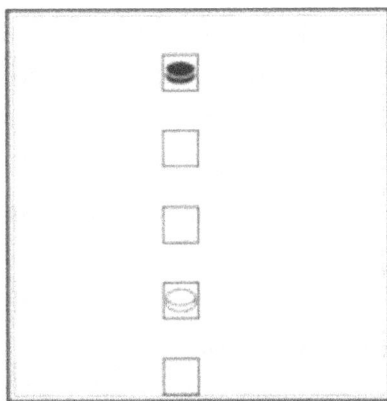

图8-3

郑老师的棋道讲坛

学习国跳要守纪律,讲礼仪。棋虽小道,品德最尊,果果跳跳要牢记。

🎎 棋道礼仪八：局前礼仪

口诀：身略前倾，两手轻握，面带微笑，满怀诚意。

棋道：对局前礼仪包括欠身握手等，关键是诚心诚意表现友好的态度，局前好礼仪可以使人在对局时心情愉悦，是一个人文明素养的体现。

果果跳跳的心学园

🌱 果果跳跳的烦恼

跳跳！你下棋时不遵守规则，这盘棋还怎么继续下去呀！

我……我哪有不遵守规则呀……

诚实守信是最基本的品德！

谁能教教我们怎么做到诚实守信啊？

🌱 我有妙招

> 果果跳跳别着急,我们先来找找身边诚实守信的好少年吧!

寻找班级里诚实守信的好少年!聊聊他们的故事吧!

🌱 棋逢对手

看到下面小朋友的行为你会送给他们笑脸还是哭脸呢?

☆冬冬每次和同学约好外出玩耍,总是迟到。

☆小胖说要送小明两张电影票,可一直没送。

☆丁丁答应送给小林一副乒乓球拍,他如约做到了。

☆因为答应别人的事没做到,小红总觉得心里不踏实。

☆周末,几位同学约好去野炊。到了郊外,大家开始动手做饭了,可是小明答应带来的盐却忘了。

每个句子后面一个去掉嘴巴的脸,让学生画笑或哭来判断对错。

你也来说一说,这几位得到哭脸的小朋友要怎样做到诚实守信呢?

诚实守信小贴士:

1. 拥有说出实话的勇气

2. 端正说到做到的态度

3. 养成每天反思的习惯

4. 你的补充:＿＿＿＿＿＿＿＿＿＿＿＿＿＿＿＿

🌱 助力成长

言必信,行必果。

——孔子

🌱 心星秀场

第一周	爸爸妈妈的评价(满分10分,加油哦!)				
	1	2	3	4	5
上课不迟到					
勇敢说实话					
说到做到					
自我反思					

第二周	爸爸妈妈的评价(满分10分,加油哦!)				
	1	2	3	4	5
上课不迟到					
勇敢说实话					
说到做到					
自我反思					

第三周	爸爸妈妈的评价(满分10分,加油哦!)				
	1	2	3	4	5
上课不迟到					
勇敢说实话					
说到做到					
自我反思					

突破防守

国跳竞技场

国际跳棋就是棋盘上的足球,面对障碍和困难只有突破!突破是为了成王,成王后更容易赢棋!

观察与思考

赢棋的方法之一就是先争取成一个王。如图9-1所示,本例中,白棋可以通过兑换实现突破:

25—20 15×24

29×20

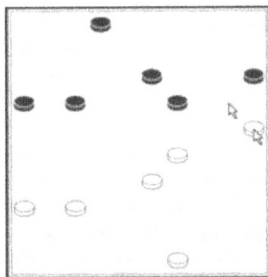

图9-1

经过兑换后,黑棋无法阻止白棋〈20〉位兵去成王,如图9-2所示。因为王棋非常强,所以你应该舍得弃掉一兵突破成王。本例中,白棋可以先弃掉一兵,之后形成突破。黑棋无法阻止〈25〉位兵去成王。

$$24—19 \quad 14×23$$
$$30—2$$

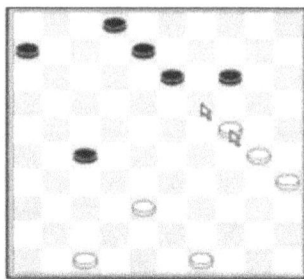

图9-2

郑老师的棋道讲坛

学习国跳要守纪律,讲礼仪。棋虽小道,品德最尊,果果跳跳要牢记。

棋道礼仪九:违规处理之道

口诀:凡遇违规,先不着急,看清局面,友好处理。

棋道:对局中,出现违反规则的情况很常见,学会控制情绪,冷静友好地处理,才会有好的结局。

果果跳跳的心学园

🌱 果果跳跳的烦恼

> 果果,你为什么一个人坐在这里?去找小朋友和你一起下棋呀!

> 他们都不愿意和我下,说我赖皮,不守规则。我哪有哦!

> 这样呀!那我们来问问班级里的小朋友,看看什么样的行为让大家觉得你赖皮!

🌱 我有妙招

小朋友们,你们为什么不愿意和"赖皮的人"下棋呢?

那怎么做才是遵守秩序呢?

🌱 棋逢对手

上课发言	不讲话
过马路	不反悔
看别人下棋	先举手
下棋落子之后	走斑马线
上下楼梯	不插队
等候电梯	靠右行
下完棋	在右侧,先出后进
排队等候时	一起收拾

小小讨论会:如果不遵守这些秩序,会有怎样的后果?

助力成长

不以规矩,不能成方圆。

——《孟子》

心星秀场

我是遵守秩序的好孩子!

第一周	自己来评价(满分10分,加油哦!)				
	1	2	3	4	5
上课发言先举手					
上下楼梯靠右行					
看别人下棋不讲话					
自己下棋不悔棋					
下完棋后一起收拾					

第二周	自己来评价(满分10分,加油哦!)				
	1	2	3	4	5
上课发言先举手					
上下楼梯靠右行					
看别人下棋不讲话					
自己下棋不悔棋					
下完棋后一起收拾					

第三周	自己来评价(满分10分,加油哦!)				
	1	2	3	4	5
上课发言先举手					
上下楼梯靠右行					
看别人下棋不讲话					
自己下棋不悔棋					
下完棋后一起收拾					

利用先手

国跳竞技场

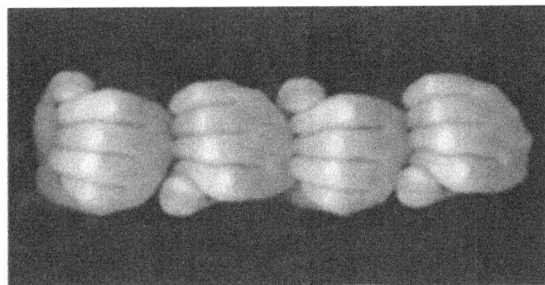

下棋如拳击不能乱出拳,必须要有一个完美的组合计划(想好多步才走一步)。

战术组合打击为了吃掉更多的兵或为了成王的弃子被称做战术组合或战术打击。

如图 10 - 1 所示,白棋可以实施如下打击:

$$27—21 \quad 16×27$$

$$32×5$$

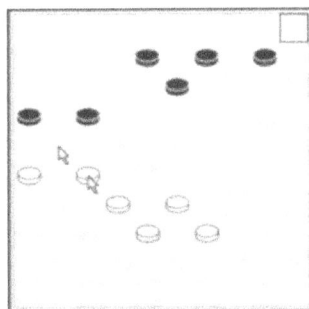

图 10 - 1

🍪 观察与思考

如图10-2所示,本例中,白棋先38—33送吃〈38〉位兵,黑棋39×28
有吃必吃,然后白棋就可以32×12吃掉黑棋4兵:

$$38—33 \quad 39×28$$

$$32×12$$

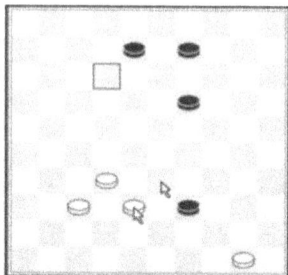

图10-2

郑老师的棋道讲坛

学习国跳要守纪律,讲礼仪。棋虽小道,品德最尊,果果跳跳要牢记。

🎳 棋道礼仪十:绅士风度

口诀:尊敬师长,爱护弱小,注意仪表,绅士有度。

棋道:棋盘之上竭尽全力,棋盘之外要有绅士风度。

绅士风度的关键词:尊长爱幼,绅士风度可以纯净我们的心灵!

果果跳跳的心学园

❧ 果果跳跳的烦恼

> 跳跳,你瞧!一位妈妈抱着小宝宝上车啦!咱们把位子让给他们吧!

> 果果,我想让,可是咱们还有好几站,站起来可能就没位子了。

> 可是他们比我们更需要位子啊!

哪些行为称得上是关爱他人呢?

❧ 我有妙招

> 果果跳跳别着急,我们先去找我们班的同学来问问吧!

寻找班级里的同学,来听听他们是怎么做的吧!

❧ 棋逢对手

"护蛋行动"
护蛋使者们严格按照要求完成任务,要求如下:
(1)每一位护蛋使者都要悉心照料那只属于自己的独一无二的蛋,把自己当做它的爸爸妈妈,护蛋过程中不能将鸡蛋弄破;
(2)护蛋使者需要将鸡蛋带在身边24小时;
(3)护蛋使者在领取自己鸡蛋的同时要给鸡蛋取一个好听的名字;

（4）如果在护蛋过程中将鸡蛋弄破,同学需要向鸡蛋道歉,然后重新买一个新的鸡蛋,并取上新的名字继续护蛋。

关爱弱小小技巧:

1. 做自己力所能及的事情

2. 在帮助时不能觉得自己高高在上,了不起

3. 你的补充:＿＿＿＿＿＿＿＿＿＿＿＿＿＿＿＿

❦ 助力成长

老吾老以及人之老,幼吾幼以及人之幼。

——《孟子》

❦ 心星秀场

第一周	自己的评价(满分10分,加油哦!)				
	1	2	3	4	5
在学习上帮助同学					
在家里帮助老人					
在外面帮助需要帮助的人					

第二周	自己的评价(满分10分,加油哦!)				
	1	2	3	4	5
在学习上帮助同学					
在家里帮助老人					
在外面帮助需要帮助的人					

第三周	自己的评价(满分10分,加油哦!)				
	1	2	3	4	5
在学习上帮助同学					
在家里帮助老人					
在外面帮助需要帮助的人					

抢先制胜

国跳竞技场

以攻制攻

因为国际跳棋规则之一是有吃必吃,所以攻击是有危险的,对手进攻我们时,往往可以因此得到一步先手,置之死地而后生,以攻制攻,反攻得手。

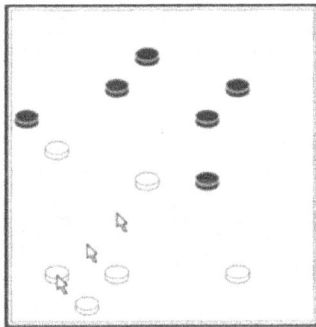

图 11-1

如图 11-1 所示,黑棋刚刚攻击了〈21〉位兵,白棋利用先手以攻制攻,置之死地而后生,实施了一个成王战术打击反攻并获得胜利:

$$41—37 \quad 16×27$$
$$37—32 \quad 27×38$$
$$42×2$$

抢先手

如果对手像图 11-1 中这样攻击多个兵时(一个以上),你就可以

42—37进行抢先手,黑棋必须25×23有多吃,多吃白棋2子,白棋以攻制攻反吃黑4子(如图11-2所示):

$$42—37 \quad 25×23$$
$$37×17$$

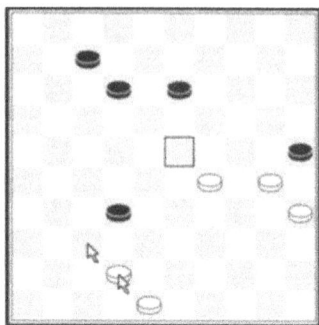

图11-2

郑老师的棋道讲坛

学习国跳要守纪律,讲礼仪。棋虽小道,品德最尊,果果跳跳要牢记。

棋道礼仪十一:安坐之道

口诀:手放腰部揉一揉,闭上眼睛深呼吸,遇急不乱安下心。

棋道:棋局如战场,局势千变万化,心态跌宕起伏,保持平常心态,学会安坐之道,高手风范也!

果果跳跳的心学园

果果跳跳的烦恼

> 天啊!果果!你的词语抄写居然有5个错别字!你的口算居然落了6题,还错了5题!

> 我怎么总是这样呀!这些我都是会的呀!

我有妙招

找找我们班有没有"学习高手"能把作业写得又快又好?听听他们的秘诀吧!

智慧泡泡的话:
写作业时管好自己的眼睛、耳朵、嘴巴和小手,专心致志才能一心一意哦!

棋逢对手

我们来用用这些方法来挑战一下自己吧!

(1)抄词语。

　　龙飞凤舞　　狐假虎威

(2)请你从100倒着背到50,可不要停顿太久哦!

🌱 助力成长

无专精则不能成,无涉猎则不能通也。

——清·梁启超

🌱 心星秀场

我会成为注意力集中的高手!

第一周	记录自己的数量				
	1	2	3	4	5
乒乓球连续垫球的个数					
口算100题,做对的题数					
抄写10个词语,对的词语					

第二周	记录自己的数量				
	1	2	3	4	5
乒乓球连续垫球的个数					
口算100题,做对的题数					
抄写10个词语,对的词语					

第三周	记录自己的数量				
	1	2	3	4	5
乒乓球连续垫球的个数					
口算100题,做对的题数					
抄写10个词语,对的词语					

战略空间

国跳竞技场

孩子们的思维往往一子不舍,一点亏都不愿吃,让对方成王就像世界末日,国际跳棋可以让孩子们学会逆向思维,塞翁失马,焉知非福,有时逼对手成王反而可以走向胜利。

如图12-1所示,可以通过逼对手成王来实施战术打击,图中〈47〉位的黑王棋最终被引入到〈20〉位,成为白棋成王的垫脚石!

$$47—41 \quad 36×47$$
$$30—24 \quad 47×20$$
$$25×1$$

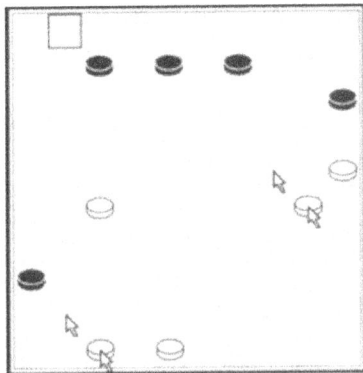

图12-1

观察与思考

如图12-2所示,白棋逼对手在〈47〉位成王,然后利用有多吃多规则把王棋引入〈40〉位:

47—41　　36×47

40—34　　47×40

45×3

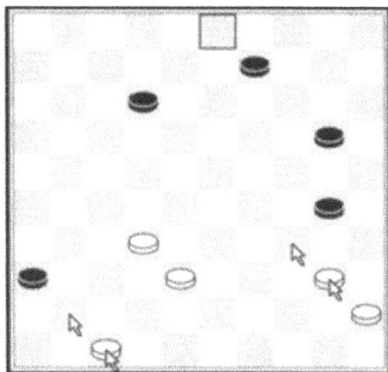

图 12 - 2

郑老师的棋道讲坛

学习国跳要守纪律,讲礼仪。棋虽小道,品德最尊,果果跳跳要牢记。

棋道礼仪十二:赏棋之道

口诀:欣赏对局,离桌半米,观棋不语,感悟棋道。

棋道:欣赏他人对局,与棋友聊聊天、悟悟道是棋类爱好者的乐趣所在,自古就有谚语:观棋不语真君子,赏棋之道也是君子之道!

果果跳跳的心学园

🌱 果果跳跳的烦恼

> 跳跳,心心得了学校国际跳棋比赛的冠军呢,我们一起去恭喜她吧!

> 哼!有什么了不起的。她只是侥幸得了冠军罢了。上次她还输给我了呢!

> 跳跳,你这样可不对哦!我们要欣赏别人的优点,虚心向她学习呀!

智慧泡泡的话:

每个人都是别人眼中一道亮丽的风景线。努力寻找别人的长处、优点,从中学习值得自己学习的。同时,真心实意地使用恰当的语言表扬别人。

🌱 棋逢对手

(1) 选取一个对象,可以是你的同桌,也可以是你身边的其他人;

(2) 观察他们30秒,发现他们最为显著的特点并进行赞美;

(3) 交流一下被赞美的感受,并将你的心情变成颜色涂在下面的爱心里。

被赞美之前的心情

被赞美之后的心情

🌱 助力成长

爱人者,人恒爱之;敬人者,人恒敬之。

——《孟子》

译:爱别人的人,别人也经常爱他;尊敬别人的人,别人也经常尊敬他。
生活并不缺少美,而是缺少发现美的眼睛。

🌱 心星秀场

今天你赞美他人了吗?(发现他们的优点,并发自内心地赞美对方)
你很好,因为_____

审时度势

国跳竞技场

棋如人生,形势千变万化,只有步步审时度势学会形势判断,根据局面因势利导、运筹帷幄,才能决胜千里!

形势判断不容易,我们将通过一些局面特征,来判断谁的局面好。

(1) 棋子的数量,字面意思本身就说明了问题,通常是这样的但不总是这样,子力多的一方占优势。

(2) 行棋空间的控制。

(3) 子的突破。

如图13-1所示,白棋虽然少一子,但是白棋右翼的子可以通过25—20形成突破,因此这个局面白棋反而占优。

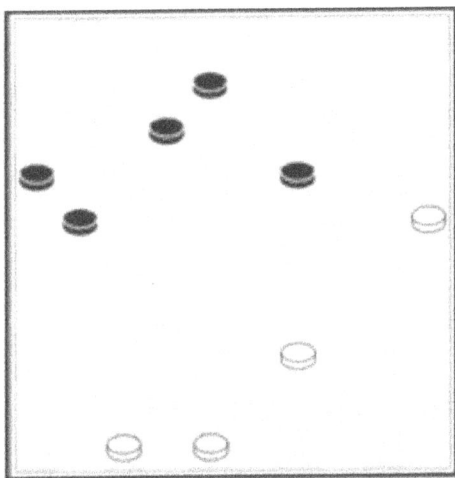

图 13-1

如图13-2所示,棋子的数量相当,但是白棋缺乏行棋空间,没有一步棋可走。核对以下几种着法:

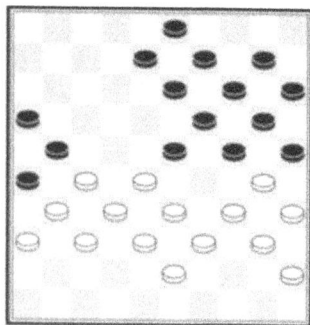

图13-2

(1) 34—29 会丢两子;

(2) 33—29   24×42会丢一子;

(3) 27—22   会遭到21—27B+;

(4) 28—22   会遭到23—28B+;

因此判断白棋形势不妙!

郑老师的棋道讲坛

学习国跳要守纪律,讲礼仪。棋虽小道,品德最尊,果果跳跳要牢记。

棋道礼仪十三:赛场礼仪

口诀:赛场上,静悄悄,少走动,勿喧哗。

棋道:赛场是最能体现一个人素养的地方,在公共场所,必须学会顾及他人感受,赛场是需要安静的地方,不喧哗,不打扰他人思考,学会赛场礼仪可提升小朋友的修养!

果果跳跳的心学园

🌱 果果跳跳的烦恼

> 跳跳,你棋下得这么好,有什么高招吗?快教教我吧!

> 才不呢!都教给你了,我还怎么能下得赢呢!

> 互相分享棋艺,不是能让我们进步得更快吗?

分享棋艺,是不是能帮助我们共同进步呢?

寻找班级里的下棋高手!来听听他们遇到这样的情况是怎么做的吧!

🌱 棋逢对手——小游戏:画笑脸

说说哪张笑脸笑得更甜,你是怎么做到的?

(自己蒙眼画一张)　　　　　(蒙眼和同桌合作画一张)

分享互助小心得:

_____

🌱 助力成长（名人名言）

赠人玫瑰，手留余香。

🌱 心星秀场（训练计划书或者亲子训练表、作业表）

赠人玫瑰，手留余香：记录你的分享和助人为乐经历
①
②
③
④

和大人一起阅读绘本：《是谁在门外》，作者：（奥）丝玛杰。

运筹帷幄

国跳竞技场

下棋如打仗,只有运筹帷幄,方案周全,才能打胜仗。

我们已经学过几种可以赢棋的方法(方案):

(1)实施打击,

(2)牵制对手,

(3)突破,

(4)攻击。

现在我们要做的就是根据局面运筹帷幄,制订出周全和可以获得好结果的行棋方案。

练习题越来越难,因为你不知道要做什么。

白棋能实施打击吗?

你能牵制对手吗?

白棋能形成突破吗?

白棋能成功实施攻击吗?

通过方案的思考和比较甄选,如图14-1所示,本例题中,白棋可以通过32—28 23×32或38×27的兑换牵制对手,使黑棋无棋可走从而获胜!

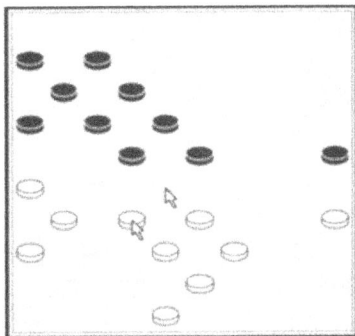

图14-1

郑老师的棋道讲坛

学习国跳要守纪律,讲礼仪。棋虽小道,品德最尊,果果跳跳要牢记。

棋道礼仪十四:复盘之道

口诀:对局毕,要复盘,重反思,累经验,与棋友,共成长。

棋道:多对局、多复盘是涨棋两大绝招,学会复盘即养成反思之习惯,可让人受益终生。

果果跳跳的心学园

果果跳跳的烦恼

跳跳!我最近可烦了,每天课间十分钟就是我最忙的时候,我很想和小朋友一起玩,可是又想交作业,又想去喝水。哎呀呀,好忙啊!

我也是,我想下棋,也想画画,老师说还要准备下节课的东西。

不会安排时间,常常好多事情都被耽搁了!

同学们,你们会安排好自己的时间吗?

🌱 我有妙招

果果跳跳别着急,我们先去找个安排时间高手来!

寻找班级里安排时间的高手!来听听他们是怎么做的吧!

🌱 棋逢对手

涂一涂:你会怎么安排你的下课时间活动?给这些事情后面的图形涂上颜色,涂色越多,说明事情越紧急,越要赶紧完成。

上厕所　　　　　　　◎ ◎ ◎

和同学玩耍　　　　　◎ ◎ ◎

喝水　　　　　　　　◎ ◎ ◎

做作业　　　　　　　◎ ◎ ◎

(你的补充:　　　　)　◎ ◎ ◎

连一连:根据你的生活习惯,将下列事件连到相应的时间段里,并和同桌说一说你的理由。

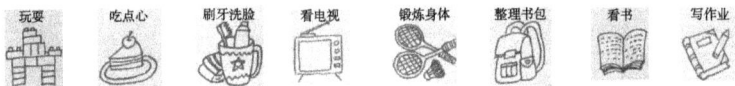

玩耍	吃点心	刷牙洗脸	看电视	锻炼身体	整理书包	看书	写作业

放学了　　　　　　吃饭时间　　　　　睡觉时间

安排时间小技巧：

1. 做事情前先安排好主次

2. 主要的事情一定要先做

3. 有些事情可以放在一起做

4. 你的补充：_____

助力成长

零星的时间，如果能敏捷地加以利用，可成为完整的时间。所谓"积土成山"是也，失去一日甚易，欲得回已无途。

——卡耐基

心星秀场

第一周	爸爸妈妈的评价（满分10分，加油哦！）				
	1	2	3	4	5
起床穿衣					
早餐安排					
完成当天作业					
洗澡					

第二周	爸爸妈妈的评价（满分10分，加油哦！）				
	1	2	3	4	5
起床穿衣					
早餐安排					
完成当天作业					
洗澡					

第三周	爸爸妈妈的评价(满分10分,加油哦!)				
	1	2	3	4	5
起床穿衣					
早餐安排					
完成当天作业					
洗澡					

开路先锋

国跳竞技场

好的开端可以使你顺利打开局面,为胜利打下良好基础!

开局提示,例:

（1）设法使你的子力向中央集中。

（2）尽量保持行棋空间,这就意味着你不必害怕兑换。

（3）使你的子彼此配合在一起。

（4）注意发现对手的棋形弱点实施打击。

33—28　18—22

如图 15 - 1 所示,这是塞布兰茨开局,著名的国际跳棋特级大师塞布兰茨最喜欢走的开局。

白棋应该走 38—33 或 31—27,走 35—30 是错误的(没有让棋子紧密地配合在一起)。

35—30　22×33
39×28

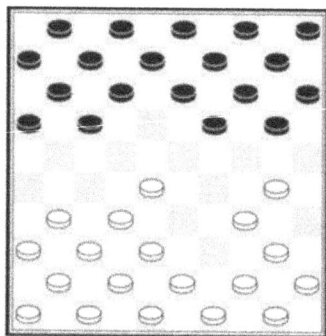

图 15 - 1

黑棋可以通过小型战术打击赚一子：

$$19—23$$
$$28 \times 19 \quad 13 \times 35$$

🍪 **观察与思考**

如图 15－2 所示,现在我们看看如果白棋 3.38×29 后形成的局面,黑棋怎样赚一子?

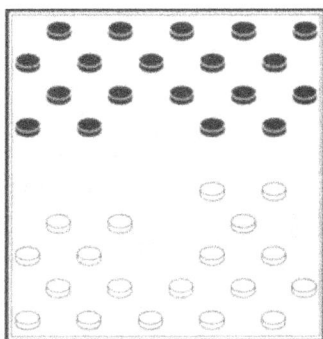

图 15－2

答案:20—24,29×20,15×35。

郑老师的棋道讲坛

学习国跳要守纪律,讲礼仪。棋虽小道,品德最尊,果果跳跳要牢记。

🎳 **棋道礼仪十五:颁奖礼仪**

口诀:上台领奖精神昂扬有礼数,台下观奖为他人鼓掌!

棋道:比赛名次有先后,做人品格不应有高下,颁奖仪式上不大喜不大悲,有礼有节,落落大方可显君子风尚!

果果跳跳的心学园

🌱 果果跳跳的烦恼

> 跳跳!你注意过爸爸妈妈下班回家要做哪些家务吗?

> 果果,我还真没注意过呢,我们能做什么吗?

> 虽然我们年纪小,但也能来当家!

> 谁能教教我们怎么帮助爸爸妈妈呢?

🌱 我有妙招

> 果果跳跳别着急,我们先来看看哪些家务是我们力所能及的!

家庭小任务,勾选你能行的吧!

A. 买菜   B. 扫地   C. 洗碗   D. 洗衣服

你也来试一试,在圈圈里画出或者写出一个你想帮爸爸妈妈完成的其他家务,让同桌来说说看,是否他也可以帮自己的爸爸妈妈完成呢?

家务小技巧:

1. 洗碗时碗筷轻轻放
2. 买菜时价钱要算好
3. 洗衣服领口袖口多搓搓
4. 你的补充:＿＿＿＿＿＿＿＿＿＿＿＿＿＿＿＿＿＿＿＿

助力成长

一家人能够相互密切合作,才是世界上唯一的真正幸福。

——居里夫人

心星秀场

这次的心星秀场评价内容由小朋友们填写自己力所能及的家务哦!

第一周	爸爸妈妈的评价(满分10分,加油哦!)			

第二周	爸爸妈妈的评价(满分10分,加油哦!)				

第三周	爸爸妈妈的评价(满分10分,加油哦!)				

完美收官

国跳竞技场

优势不等于胜势,胜势也不一定就能赢,因为你的对手可不会束手待毙,只有学会基础残局,认真对待,收好官,结好尾,胜利才会如期而至!

基础必胜残局模式一:四王抓一王的无敌导弹模式。

捉王要有捉王"扣",白棋四王配合在〈44〉位和〈40〉位各自形成了两个捉王"扣",利用有多吃多规则,黑王无论在哪都将入"扣"。如图16-1所示,34—23 5×40黑王必须吃到〈40〉位被白棋吃掉!

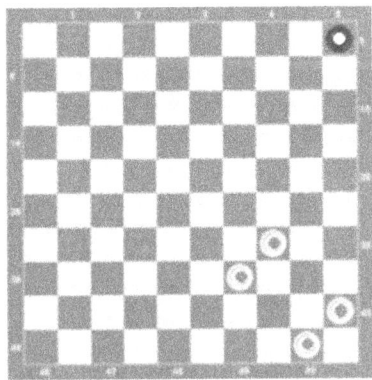

图16-1

基础残局知识模式二:三王棋捉一王棋。

在三枚王棋对一枚王棋(三王包括三王、二王一兵、一王二兵三种情况)的残局中,通常情况下是和棋。单王棋方只要应对正确,三枚王棋是无法取胜的。也就是说,在通常情况下,三枚王棋是捉不死一枚王棋的。而且这种局面下只有16回合可以下。

但是,在某些特殊的局面中,三枚王棋也是可以成功捉死一枚王棋,而获取胜利的。

如图16-2所示,白棋先行。白棋三枚王棋处于大道上排列,占据了有利的位置;而黑棋王棋处于三联道,行动范围很小,位置很不利。所以白棋可以成功捉住黑棋王棋,获取胜利。

走法如下:41—47(逼迫黑方)15—4,32—38(不允许黑王回来)4—36,38—15,36—18,37—31,18×36,15—4白胜。

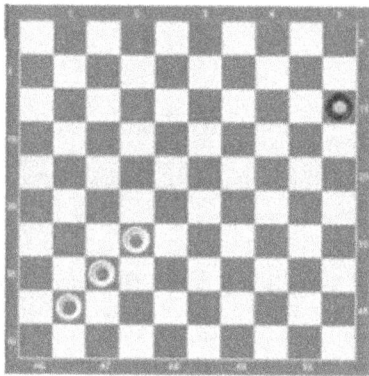

图16-2

郑老师的棋道讲坛

学习国跳要守纪律,讲礼仪。棋虽小道,品德最尊,果果跳跳要牢记。

棋道礼仪十六:胜负之道

口诀:对弈已毕,胜负已分,负者拇指为对手点赞,胜者拱手还礼谢承让。

棋道:王安石诗云"莫将戏事扰真情,且可随缘道我赢。战罢两奁分黑白,一枰何处有亏成。"看淡胜负为对手贺彩,为对手加油,才是小朋友应有的胜负之道!

果果跳跳的心学园

果果跳跳的烦恼

不玩了,不玩了,跳跳!你老是赢,我不跟你下棋了!

果果,老师说下棋要心平气和的呀!

心平气和!我老输,怎么"气和"得下去啊!

调整好自己的心情很重要啊!

🌱 **我有妙招**

愤怒时,找找方法,消消气吧!

考试考差挨批   考试考差挨批   打球总是输

找人倾诉   冷静克制   大肚量法

请你连一连:当你遇到这样的情况很生气时,你会用什么方法让自己消消气呢?

> "和"气大法:
>
> 1. 愤怒宣泄法
> 2. 后果干预法
> 3. 情境转移法
> 4. 你的补充:_____

🌱 **助力成长**

怒不过夺,喜不过予。

——荀子

心星秀场

第一周	今天你快乐吗?(✓)				
快乐之星	1	2	3	4	5
	☺ ☹	☺ ☹	☺ ☹	☺ ☹	☺ ☹

第二周	今天你快乐吗?(✓)				
快乐之星	1	2	3	4	5
	☺ ☹	☺ ☹	☺ ☹	☺ ☹	☺ ☹

第三周	今天你快乐吗?(✓)				
快乐之星	1	2	3	4	5
	☺ ☹	☺ ☹	☺ ☹	☺ ☹	☺ ☹